BEI GRIN MACHT SICH IHR WISSEN BEZAHLT

- Wir veröffentlichen Ihre Hausarbeit,
  Bachelor- und Masterarbeit

- Ihr eigenes eBook und Buch -
  weltweit in allen wichtigen Shops

- Verdienen Sie an jedem Verkauf

Jetzt bei www.GRIN.com hochladen und kostenlos publizieren

Bibliografische Information der Deutschen Nationalbibliothek:

Die Deutsche Bibliothek verzeichnet diese Publikation in der Deutschen National-
bibliografie; detaillierte bibliografische Daten sind im Internet über http://dnb.d-
nb.de/ abrufbar.

Coverbild: Fabio Berti @Shutterstock.com, RonnyK @pixabay.com

Impressum:

Copyright © 2017 GRIN Verlag
Druck und Bindung: Books on Demand GmbH, Norderstedt Germany
ISBN: 9783668720459

Dieses Buch bei GRIN:

https://www.grin.com/document/424603

Irina Zorina

Auf dem Weg zur Energieunion: Standpunkte der EU-Entscheidungsträger

Exkursionsbericht

GRIN Verlag

Inhalt

Abkürzungsverzeichnis

ACER die Agentur für die Zusammenarbeit der Energieregulierungsbehörden

EU-EHS -EU-Emissionshandelssystem

EE Erneuerbare Energien

EK Europäische Kommission

EP Europäisches Parlament

EU Europäische Union

EVP Europäische Volkspartei

EWSA Europäischer Wirtschafts- und Sozialausschuss

IEA International Energy Agency

MS Mitgliedstaaten

LNG Liquefied Natural Gas

EFRE Europäische Struktur- und Investitionsfonds 2014-2020

GEM General Equilibrium Model for Economy

Einleitung

Die Brüsseler-Exkursion fand im Zeitraum 11.01.2016 - 15.01.2016 statt und beinhaltete den Besuch folgender EU-Institutionen: drei wichtiger supranationaler Organe der EU – *EU Kommission, des Europäischen Parlaments, des Rates der EU, der Ständigen Vertretung (StäV) der Bundesrepublik Deutschlands bei der EU*, des Verbandes der europäischen Elektrizitätindustrie *EURELECTRIC*, der Denkfabrik *European Policy Centre (EPC)*, des ökumenischen Zusammenschusses *Conference of European Churches (CEC)/ European Churches Environmental Network (ECEN)*, des beratenden Nebenorgans der EU *European Economic and Social Committee (EESC)*, der die Meinung europäischer Bürger repräsentieren soll, eines umweltpolitischen Dachverbands der NGO's *Climate Action Network Europe (CANeurope)*, der Assoziation der Europäischen Windbranche *European Wind Energy Association (EWEA)*. Vorträge der EU-Akteure widmeten sich dem Thema **EU-Energie- und Klimapolitik. Zur Erreichung der Ziele der EU-Energie- und Klimapolitik soll die Energieunion - eine Zusammenstellung aus fünf Maßnahmen, die Energieversorgungssicherheit, Nachhaltigkeit und Wettbewerbsfähigkeit im Energiesektor fördern soll.**

1. EU Kommission

Als einzigem Organ der EU mit dem Initiativrecht kommt der EK in Fragen des Vorschlags der Energieunion eine große Bedeutung zu.

Der Begriff *der Energieunion* wurde zum ersten Mal im April 2014 vom damaligen polnischen Ministerpräsidenten Donald Tusk vorgeschlagen[1]. Er sprach damit seine Besorgnis um die Energieversorgungssicherheit in der EU im Lichte der ukrainisch-russischen Gaskrise (2009) aus. Der Terminus wurde von der Europäischen Kommission (EK) übernommen und ausgearbeitet. Die Energieunion soll eine Lösung für eine erfolgreiche gemeinsame Energiepolitik für die EU-Mitgliedstaaten (MS) werden. Zur Erreichung der drei grundlegenden Ziele der EU-Energiepolitik: Energieversorgungssicherheit, Nachhaltigkeit

---

[1] Vgl. https://www.euractiv.de/section/all/news/donald-tusk-weckt-polnische-hoffnungen-auf-eu-energieunion/ (vom 10.09.2014, abgerufen am 27.09.2016).

und Wettbewerbsfähigkeit soll sich die Energieunion auf die Durchführung folgender fünf Maßnahmen konzentrieren:

(1.) Energieversorgungssicherheit

Die sichere Energieversorgung wird dem von der EK zusammengestellten Factsheet zur Energieunion zufolge vor allem durch die Diversifizierung der Energiequellen ermöglicht (EU Kommission 2015b).

Dazu erarbeitet die EK bereits Projekte wie der Südliche Gaskorridor zur Region des Kaspischen Meeres und Strategien zur optimalen Nutzung von LNG mit verschiedenen Lieferanten aus Mittel- und Osteuropa (ebd.; EU Kommission 2014: 14).

(2.) Energiebinnenmarkt

Eine unentbehrliche Rolle für die Regulierung des Energiebinnenmarktes spielt laut der EK die Agentur für die Zusammenarbeit der Energieregulierungsbehörden (ACER) (ebd.). Die verstärkte Rolle der Agentur ermöglicht den vollkommenen grenzüberschreitenden Energiehandel. Für den grenzüberschreitenden Energieautausch benötigte Infrastrukur wird das Geld aus der Fazilität „Connecting Europe" gebraucht: „The upgrading of existing, and development of new energy transmission infrastructures of European importance will require investments of about €140 billion in electricity and at least €70 billion in gas"[2].

(3.) Energieeffizienz

Neben der Energieeinsparung als eine europaweite Energiestrategie betont die EK die Notwendigkeit der Steigerung der Energieeffizienz besonders im Gebäudesektor: „Auch Gebäude sind ein wichtiger Bereich, denn in ihnen verbrauchen wir 40% unserer Energie, und sie emittieren 36% aller Treibhausgase in der EU, 80% davon in Form von Wärme" (EU Kommission 2014: 5).

Um die Effizienz im Gebäudesektor zu steigern, sollen beispielsweise Wohnungen gedämmt und Gebäude renoviert werden (vgl. ebd.: 11). Zudem werden Energieausweise für Gebäude nach dem Prinzip der EU-Energiekennzeichnung von Haushaltsgeräten eingeführt. Dies bringt sowohl für Mieter als auch für Vermieter Vorteile mit sich. Die Energieausweise

---

[2] https://ec.europa.eu/inea/en/connecting-europe-facility/cef-energy (abgerufen am 10.03.2017).

fördern das Aushandeln der angemessenen Mietpreise, und die Verbesserung der Energieeffizienz erhöht den Wert eines Gebäudes um 4% (vgl. ebd.).

Für die Verstärkung der Energieeffizienzinvestitionen stehen der MS 23 Milliarden Euro aus den EU-Strukturfonds zur Verfügung (vgl. ebd.: 5).

(4.) Verhinderung von Treibhausgasen (insbesondere CO_2-Emissionen)

Trotz der Tatsache, dass die EU zusammen mit Brasilien und Kanada zu einer der drei größten Volkswirtschaften, die mehr als die Hälfte ihrer Elektrizität ohne Treibhaus produzieren, mitzählt, ist das Ziel zur Verhinderung von Treibhausgasen ein sehr relevantes Thema bei der Agenda zur Entwicklung **der Rahmen für die Klima- und Energiepolitik 2030** (vgl. Europäische Kommission 2015a: 2). Ein Hauptziel dieses Programms ist die Senkung der CO_2-Emissionen in der EU um mindestens 40 Prozent im Vergleich zum 1990 (vgl. EU Kommission (2015b).

Ein wichtiges Instrument für die Minderung der Treibhauseffekte ist das EU-EHS. Um das System zu stabilisieren und überschüssige Zertifikate aus dem Handel rauszunehmen, erarbeitet die EU-Komission eine Marktstabilitätsreserve (ebd.). Ein Innovationsfond und ein Modernisierungsfond sollen für das Ziel der CO_2 - Emissionsverringerung ins Leben gerufen werden (ebd.).

(5.) Verstärkung der Forschung und Innovation

Die für die Entwicklung neuer sicherer und rentabler Technologien notwendige Elemente der Energieunion *Energieforschung* und *Innovation* werden laut EK durch die Finanzierung aus den Mitteln des Programms Horizont2020 und die koordinierte europaweite Zusammenarbeit verstärkt (ebd.). Die Technologien sollen vor allem kohlenstoffarm sein: Einige Beispiele dafür sind die Energieerzeugung aus erneuerbaren Energiequellen, die Abscheidung und unterirdische Speicherung von CO_2 etc. (EU Kommission 2014: 7).

1.1. GD Energie

Laut dem Vortrag „Die Europäische Energiepolitik" von dem Direktor für Energiebinnenmarkt/ GD Energie Dr. Klaus-Dieter Borchardt war es zweifelshaft gewesen, ob der erste Bereich der Energieunion **die Versorgungssicherheit** (1.) überhaupt eine für die EU relevante Frage ist, denn eigentlich gehören solche Angelegenheiten wie die Wahl der Energieressourcen und somit die Energiesicherheit zu den Kompetenzen der MS (vgl. Art. 194 AEUV Titel XXI-Energie). Dabei unterstreicht Borchardt die Tatsache, dass es eine ständige Auseinandersetzung zwischen den MS gibt, die eigene Selbstbestimmung in Fragen der Energie beanspruchen.

Der Energiesektor ist auf solche Weise immer noch stark nationalisiert. Als Beispiel nennt Borchardt die aktuelle Situation in Belgien: Das Land hat Atomkraftwerke, die wegen Risse in den Reaktordruckbehältern vorübergehend abgeschaltet worden waren. In Holland gibt es ein Gaskraftwerk, das nach dem Bauen einer Leitung zwischen Holland und Belgien zum Einsatz in Belgien angewendet sein könnte. Belgien hat diese Lösung nicht in Anspruch genommen, sondern suchte nach Reserven im eigenen Land.

Anderseits gehört der Energiebereich zu den geteilten Zuständigkeiten der EU (vgl. Art. 4 lit.i AEUV) - damit kann die Durchsetzung der Europäisierung der Versorgungssicherheit gerechtfertigt werden.

Der Stresstest bei der Auseinandersetzung zwischen Russland und der Ukraine hat gezeigt, dass die Versorgungssicherheit keine nationale Angelegenheit bleiben kann. Den MS ist nach wie vor die Entscheidung über Energiequellen überlassen, die europäischen Zielvorgaben für die EU-Energiepolitik - Energieversorgungssicherheit, Nachhaltigkeit und Wettbewerbsfähigkeit - müssen jedoch von den MS-Staaten berücksichtigt werden: **„Langfristig ist das Energieproblem nur auf europäischer Ebene zu lösen, denn die Entscheidungen eines EU-Landes haben Folgen für alle anderen"** (EU Kommission 2014: 15). Für mehr Sicherheit im europaweiten Energiesektor werden zurzeit sukzessiv rechtliche Rahmen ausgearbeitet.

Bei der **Herstellung des Binnenmarktes** (2.) soll unbedingt der Punkt der Grenzüberschreitung berücksichtigt werden. Auch die Fördersysteme für erneuerbare Energien müssen grenzüberschreitend sein. Für grenzüberschreitende Projekte wird Borchardt nach die Methode *One-Stop-Shop* angewendet, bei der alle bürokratischen Formalitäten allein von der EK erledigt werden. Allerdings hemmen nationale Regelungen immer noch stark die Gründung grenzüberschreitenden Energieunternehmen (vgl. ebd.: 6).

Darüber hinaus sollen auch Verbraucher von dem gemeinsamen Binnenmarkt profitieren: Es sollen Borhardt zufolge volle Informationen für Verbraucher gegeben und zertifizierte Preisvergleichsprogramme geschaffen werden. Darüber hinaus soll für Energiekunden einen erleichternden Wechsel der Energielieferanten und Zugang zu Informationen über die Herkunft ihres Stromes ermöglicht werden (vgl. ebd.: 7). Die Rolle der Verbraucher als Erzeuger soll gestärkt werden, dazu werden alle in der Gesetzgebung noch existierenden Probleme sukzessiv aus dem Weg geräumt, denn nur „eine europäische Regelung schafft gleiche Voraussetzungen für alle Verbraucher" (ebd.).

1.2. GD Klimapolitik

Laut dem Vortrag „EU Klima- und Energierahmen 2030" von Christine Möller von dem Referat Strategie und wirtschaftliche Bewertung; GD Klimapolitik spiegeln sich Energie-Union Ziele ebenso in den Kernelementen der Energierahmen für 2030 wider:

- „ein verbindliches Ziel für EU-interne Minderungen von Treibhausgasemissionen von mindestens 40 % gegenüber 1990,
- ein verbindliches EU-Ziel für einen Anteil erneuerbarer Energien am Energieverbrauch von mindestens 27 %,
- ein indikatives Energieeffizienzziel in Höhe von mindestens 27 % Energieeinsparungen bis 2030"[3].

Ein wichtiger Mechanismus für Minderungen von Treibhausgasemissionen ist das EU-EHS. Um das gestellte Ziel von 40% zu erreichen, muss die Industrie laut Möller ihre Emissionen um 43% gegenüber das Jahr 2005 senken. Dabei erwähnt Möller das bekannte Problem des Überschusses an Zertifikaten und unterstreicht die Notwendigkeit der Reduzierung der Anzahl an Zertifikaten.

---

[3] http://www.erneuerbare-energien.de/EE/Navigation/DE/Recht-Politik/EU_Klima_Energierahmen/eu_klima_und_energierahmen.html (abgerufen am 19.04.2017).

2. Europäisches Parlament

2.1. EVP – Position zur Energieunion

In seinem Vortrag präsentiert der Referent, Dr. Peter Liese (EVP), EVP-Koordinator im Ausschuss für Umweltfragen, öffentliche Gesundheit und Lebensmittelsicherheit (ENVI), relevante für die Energieunion Vorschläge zur Verringerung der Treibhauseffekte vor: Zwei wichtigste davon seien *Erneuerbare Energien* und *Energieeffizienz*.

Die Fokussierung auf diese Vorschläge ist evtl. mit der Tatsache verbunden, dass die deutsche Bundesregierung und die CDU/CSU sich aus den fünf Elementen der Energieunion ausgerechnet auf die Verringerung der CO2-Emissionen und Energieeffizienz konzentrieren (vgl. Liese 2014b: 1). Eine der wichtigen Hauptaufgaben der Energiepolitik ist für die Regierung und die Koalition das Vorantreiben der Erneuerbaren Energien (vgl. ebd.: 2).

Als rechtliche Grundlage für diese Ziele - Verringerung der Treibhauseffekte, Energieeffizienz und das Vorantreiben der Erneuerbaren Energien - dient der Artikel 194 AEUV, der die Ziele der Energiepolitik postuliert:

„(...) Die Energiepolitik der Union verfolgt im Geiste der Solidarität zwischen den Mitgliedstaaten im Rahmen der Verwirklichung oder des Funktionierens des Binnenmarktes und unter Berücksichtigung der Notwendigkeit der Erhaltung und Verbesserung der Umwelt folgende Ziele: (...) c) Förderung der Energieeffizienz und von Energieeinsparungen sowie Entwicklungen neuerer und Erneuerbarer Energiequellen" (Art. 194 AEUV zit. nach ebd.).

Eine Diversifizierung der energiepolitischen Ziele bringt positive Effekte für Wachstum und Erwerbstätigkeit mit sich (vgl. ebd.: 4). Das Simulationsmodell GEM-E3 (General Equilibrium Model for Economy[4]) zeigt, dass die Konzentration nur auf ein Ziel – die Minderung der CO2 - leichte Senkung des BIPs der EU mit sich bringt, dagegen fördert die Drei-Ziele-Strategie[5] den Wachstum (vgl. ebd.: 2). Dies ist Liese zufolge damit zu erklären,

---

[4] "GEM-E3 is an applied general equilibrium model that covers the interactions between the Economy, the Energy system and the Environment. It is well suited to evaluate climate and energy policies, as well as fiscal issues" (https://ec.europa.eu/jrc/en/gem-e3 (abgerufen am 19.04.2017)).

[5] Generell kann eine europäische Zielstrategie unterschiedlich konstruiert werden: Es kann ein einziges Hauptziel geben, es können mehrere nicht-hierarchisch gesetzte Ziele (20-20-20 Ziele) oder Sektoralziele (das deutsche Zielsystem 2050) sein (vgl. Fraunhofer Analysis of a European Reference Target System 2030 http://www.isi.fraunhofer.de/isi-wAssets/docs/x/de/publikationen/Fraunhofer-

dass die Energieeffizienz und erneuerbare Energien sowie die Energieimporsubstitution neue Beschäftigungsperspektive eröffnen und damit die Inlandswirtschaft ankurbeln können (vgl. ebd.).

Liese bemerkt, dass die Ziele der EU bezüglich der Reduktion von CO2 und Ausbau der erneuerbaren Energien auf dem Wege zur Erfüllung sind, für die Erreichung des Ziels Energieeffizienz seien jedoch zusätzliche Mechanismen notwendig (vgl. ebd.: 1)[6].

So fordert das EP die Einführung eines verbindlichen Effizienzzieles von 40% zu 2030, mit Anknüpfung an eine Studie des Fraunhofer Instituts basierend auf das Simulationsmodell PRIMES (2009) (vgl. Liese 2014a: 3)[7]. Als Abgeordnete des EPs plädiert Liese für eine stärkere Energieeffizienz ebenfalls (vgl. ebd.: 4). Die Hauptthese von Liese und der Grund dafür, warum er aus allen Elementen der Energieunion ausgerechnet die Energieeffizienz hervorhebt, ist seine Behauptung, dass die Energieeffizienz im Vergleich zu anderen Teilen der Energieunion relativ rentabel ist: „Energieeffizienz ist der kostengünstigste Teil der Energiewende" (Liese 2014b: 4). „Der Ausbau erneuerbarer Energien, der Bau neuer Kernkraftwerke, auch die CO-Abscheidung und Lagerung (CCS) sind verhältnismäßig teuer" (Liese 2014a: 1). Allerdings nennt er für diese These keine Vergleichszahlen als Belege, führt aber dazu illustrative Beispiele ein: Preiswerte effizienzsteigernde Maßnahmen sind Liese zufolge e.g. Austausch alter Heizkessel und alter Haushaltsgeräte (vgl. ebd.: 2).

ISI_ReferenceTargetSystemReport.pdf (abgerufen am 19.04.2017)). Einige MS fordern die Festlegung nur eines Ziels: Zum Beispiel vertritt Polen die Meinung, dass die Reduzierung von CO2 als ein einziges verbindliches Ziel in der EU festgesetzt sein soll (vgl. Liese 2014a: 3). Allerdings bedeutet die Festlegung eines einzigen Ziels die Gleichstellung solcher Elemente wie Erneuerbare, Energieeffizienz und Kernenergie, was laut Liese unangemessen sei, da die Kernenergie z.B. höhere Risiken mit sich bringt als andere zwei obengenannte Elemente (vgl. ebd.: 5)).

[6] Die aktuelle rechtliche Grundlage für die Energieeffizienz bildet die Energieeffizienzrichtlinie aus dem Jahre 2012 (vgl. Im Präambel zur Ri, 2012/27/EU). Kern dieser Richtlinie ist Liese zufolge der Artikel 7, der besagt, dass die MS Anreize zur Verbesserung der Energieeffizienz schaffen sollen. Neben der Effizienzrichtlinie wurde 2005 auch die Ökodesignrichtlinie ausgearbeitet, deren Massnahmen insbesondere im Bereich der Haushaltsgeräte eine geringe Wirkung hatten (vgl. Liese 2014a: 5). In der Zukunft sollte man nicht gründlich ausgearbeitete Massnahmen vermeiden, „um die Akzeptanz der europäischen Klima- und Energiepolitik nicht weiter zu schwächen" (Liese 2014a: 6).

[7] "The PRIMES model is a modelling system that simulates a market equilibrium solution for energy supply and demand. The model determines the equilibrium by finding the prices of each energy form such that the quantity producers find best to supply matches the quantity consumers wish to use" http://www.energyplan.eu/othertools/national/primes/ (abgerufen am 19.04.2017).

2.2. The Greens – Position zur Energieunion

Unter Berufung auf die EU-Gebäuderichtlinie (2010) sind für die steigende Energieeffizienz laut dem Referenten Claude Turmes die bessere technische Ausrüstung der inneren Ausstattung der Räume, sowie die bessere Renovierung besonders notwendig.

Turmes weist auf die Tatsache hin, dass es in Deutschland mehr PV - Platten als beispielsweise in Griechenland installiert sind. Dies sei unmittelbar mit dem gut entwickelten EE - Fördersystem in Deutschland verbunden, welches The Greens auch begrüßen.

Nicht alle Entscheidungsträger sehen der Vorrang der EE als sehr wichtig an. Dagegen waren Turmes zufolge der EUREELECTRIC -Verband sowie Energieriesen-Konzerne. Auch das EPC ist gegenüber dem EE-Vorrang skeptisch (s. unten).

3. Rat der EU

Der Rat der Europäischen Union begrüßt alle Energieunionziele und sieht die Energieversorgungssicherheit, u.a. die Transparenz in Gasverträgen als Priorität an.

4. Ständige Vertretung (StäV) der Bundesrepublik Deutschlands bei der EU

Struktur

Die Ständige Vertretung der BRD (StäV) ist wie die Bundesregierung organisiert[8]. Die drei Abteilungen (Politik, Wirtschafts- und Finanzabteilung) sind in eine Reihe von Referaten untergegliedert (u. a. das Referat Energiepolitik/Nuklearpolitik, das sich den Themen wie internationale energiepolitische Beziehungen der EU, Erneuerbare Energien etc. widmet).

---

[8] http://www.bruessel-eu.diplo.de/ (abgerufen am 27.09.2016).

Aufgaben

Zu einer der Aufgaben der ständischen Vertretung der BRD zählt die Unterrichtung der Bundesregierung über die Entwicklung in den EU-Institutionen[9].

Position zu der Energieunion

Für die 2030 geplante Treibhausgasemissionsminderung um 40 Prozent gegenüber 1990 entsprach der deutschen Position. Darüber hinaus setzte sich die StäV sehr aktiv für erneuerbare Energien ein. Für viele EU-Länder ist Deutschland in Sachen der regenerativen Energien ein Vorreiter-Land. Allerdings ist die gemeinsame Energiewende aus deutscher Sicht noch nicht zu sehen.

Für den Sommerpaket 2015 gab die StäV eine Anregung zur Reform des EU-Emissionszertifikatshandels, zur Überarbeitung der Energieverbrauchsverordnung, sowie zur Umgestaltung des europäischen Strommarktes.

Die StäV schlägt ein Lenkungssystem für die Energieunion vor, namentlich Berichtspflichten für die Mitgliedstaaten (MS), Erstellung von Datenblättern mit Energiedaten aus MS, nationalen Energie- und Klimaplänen für die Absicherung der Zielerreichung 2030.

5. EURELECTRIC Electricity for Europe

EURELECTRIC repräsentiert die Allgemeininteresse der Elektrizitätsindustrie und bezeichnet somit als Prioritätsaufgabe das Energieunion-Ziel – *die Schaffung des Energiebinnenmarktes* (vgl. EUROELECTRIC 2015a: 13).

Europa könnte Dekarbonisierungsziele in dem Falle erreichen, wenn die Elektrizitätswirtschaft investierbar wird. Nicht weniger als 1,3 Trillion Euro werden laut der IEA bis zum Jahr 2025 für Energieerzeugung, Übertragung und Verteilung gebraucht (s. ebd.: 15).

---

[9] Vgl. ebd. ((abgerufen am 27.09.2016).

Neben dem Energieunion-Ziel *Energieeffizienz* spielt für EUREELECTRIC die Laststeuerung ebenso eine große Rolle: Im Unterschied zur Energieeffizienz, deren Ziel der effektiven, d.h. sparsamen Energiegebrauch ist, ermöglicht das Demand-Side-Management die Umschichtung des Energiekonsums auf verschiede Tageszeiten – durch bestimmte Tarife wird somit das Elektrizitätsnetz entlastet und dessen Effizienz gesteigert (vgl. EUROELECTRIC 2015b:1).

6. European Policy Centre (EPC)

Das EPC begrüßt die Idee des Energiebinnenmarkts, der in erster Linie zur Senkung der Energiepreise beitragen soll. Um Energiepreise angemessen zu halten und die Abhängigkeit von einigen Energielieferanten zu vermeiden, soll die EU nicht nur intern, sondern auch extern gut verbunden sein. Auf solche Weise braucht die EU alternative Energieressourcen außerhalb der EU, e.g. LNG aus Algerien, Qatar oder Nigeria, Gas aus Norwegen, Schiefergas aus den U.S. Ein großer Potenzial sieht Hedberg in diesem Zusammenhang in dem Southern Gas Corridor (vgl. Hedberg, Annika 2015).

Anderseits sind Energiepreise und nicht zuverlässige Energiepartner nicht das einzige Problem der EU. Hedberg kritisiert die Kurzsichtigkeit der Nationalinteressen, das Patchwork der nationalen Mini-Energiemärkte sowie den Mangel der politischen Solidarität der MS (vgl. ebd.). So unterstreicht Hedberg das Risiko, das die deutsche kostspielige Energiewende Nachteile für andere MS mit sich bringen kann. Hedberg äußert sich negativ in Bezug auf die deutsche Energiewende und nennt sie „a showcase of what not to do" (ebd.). Sie empfiehlt die Investitionen in die teuren Erneuerbare-Energien-Mechanismen da zu beenden, wo die Sonne nicht scheint und der Wind nicht weht (vgl. ebd.).

7. Conference of European Churches (CEC)

Die Konferenz Europäischer Kirchen betrachtet das Thema der Energie aus der Perspektive der angewandten Ethik und spricht über die Bedeutsamkeit des Energie- und Klimawandelsthema für alle. In diesem Zusammenhang spricht der Referent Pavlovic von der Verantwortung der heutigen Zeitgenossen für die bessere Energiezukunft für die nächste

Generation. Auch im Sinne der Energieunion ist sein Aufruf zum engeren Nebeneinanderleben in der EU-Community (s. Punkt EU-Energiebinnemarkt).

8. European Economic and Social Committee (EESC)

Der EWSA vertritt die Ansicht, dass der Erfolg der Energieunion eng mit dem transparenten Governance-System verbunden ist.

Der EWSA befürwörtet die von der Europäischen Kommission vorgeschlagene Governance-Struktur, die ein neues Governanceverfahren auf der Basis nationaler Pläne sowie eine neue Bewertung der Fortschritte auf dem Weg zur sicheren, nachhaltigen und wettbewerbsorientierten Energieversorgung beinhaltet und betont die Notwendigkeit des Dialogs mit BürgerInnen der MS in Fragen der Klima- und Energiepolitik (vgl. Europäischer Wirtschafts- und Sozialausschuss 2015b: 1). Für bessere Kooperation mit der Bevölkerung und den MS erarbeitete der EWSA das Konzept des Europäischen Energiedialogs (EED) (ebd.). Finanziert soll dieser Dialog durch die Interessenträger der Energieerzeugungs- und Versorgungskette (ebd.).

Der Ausschuss befürwortet die Idee der gemeinsamen Verantwortung, betont aber das Prinzip der Differenziertheit, nach dem die Staaten, die fast nicht klimabelastet sind, auf dem Weg zur Niedrigemissionswirtschaft gefördert werden sollen (vgl. Europäischer Wirtschafts- und Sozialausschuss 2015a).

9. Climate Action Network Europe (CANeurope)

Der NGO's-Dachverband unterstreicht die Bedeutsamkeit der Energieunion für die Umwelt, kritisiert aber das EU-EHS. Einen besonderen Mangel sieht die Referentin Anja Kollmuss in der Messung der Emission: Die Emission wird anhand des Luftkonzentrats gemessen, dabei werden graue Importe nicht berücksichtigt. Ausserdem existiert momentan der Überschuss an Zertifikaten. Den Zertifikatüberschuss kann man Kollmuss zufolge politisch nicht stoppen. Dafür wurde das System der Marktstabilitätsreserve entwickelt. Nach diesem System werden Überschusszertifikate aus dem Handel rausgenommen und im Jahre 2019 wieder auf den Markt gebracht (s. oben Kap. EU Kommission).

10.   European Wind Energy Association (EWEA)

Ziel der Assoziation ist vermutlich die Policy Makers davon zu überzeugen, dass die Windenergie aus allen Ressourcen der Erneuerbaren Energien das Rentabelste sei: „Wind energy can be the single largest source of power generation in the EU by 2030 ahead of coal and gas" (The European Wind Energy Association 2015: 5). Für die Untermauerung dieser Leitidee nutzt die EWEA beispielsweise die Abbildung 1 „Levelised costs of electricity[10] in selected European countries in 2015" (ebd.: 9).

Die Studie des Fraunhofer-Instituts zeigt dagegen, dass Stromgestehungskosten von Wind-Onshore und besonders Wind-Offshore teurer als von anderen Energiequellen sind (s. Abbildung 2).

Von daher lässt es annehmen, dass EWEA dem Punkt der Versorgungssicherheit nicht ganz zustimmt, da man unter Versorgungssicherheit u.a. Diversifizierung der Energiequellen versteht, was EWEA nicht begrüßt.

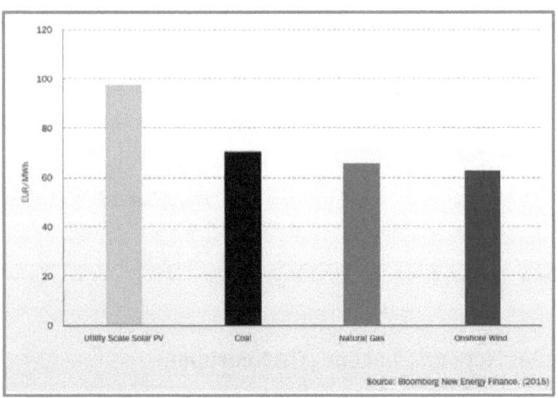

Abbildung 1: Levelised costs of electricity in selected european countries in 2015. Quelle: The European Wind Energy Association (2015):9

---

[10]   „Die Analyse von *Stromgestehungskosten* ermöglicht es, die durchschnittlichen Kosten der Stromerzeugung mittels verschiedener erneuerbarer und konventioneller Technologien zu vergleichen. Dabei fließen in die Stromgestehungskosten alle Investitions- und Betriebskosten über die gesamte Nutzungsdauer sowie die Kosten der Finanzierung der jeweiligen Erzeugungsanlagen ein, geteilt durch die Stromerträge. Entsprechend werden Stromgestehungskosten üblicherweise in Euro pro Megawattstunde (€/MWh) bzw. in Cents   pro   Kilowattstunde   (ct/kWh)   angegeben"   (http://www.erneuerbare-energien.de/EE/Navigation/DE/Technologien/Windenergie-auf-See/Wirtschaftliche_Aspekte/Stromgestehungskosten/stromgestehungskosten.html,abgerufen am 27.09.2016).

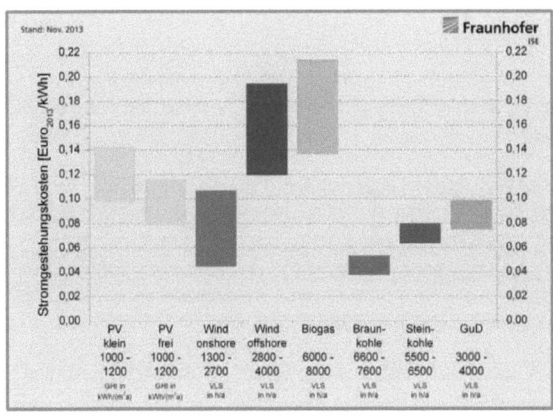

Abbildung 2: Stromgestehungskosten für erneuerbare Energien. Quelle: https://www.ise.fraunhofer.de/de/veroeffentlichungen/veroeffentlichungen-pdf-dateien/studien-und-konzeptpapiere/studie-stromgestehungskosten-erneuerbare-energien.pdf (abgerufen am 19.04.2017).

Zusammenfassung

Zusammenfassend kann man sagen, dass trotz der Unterschiede in dem Profil der Organisationen sowie in den vertretenen Interessen sind sich die europäischen Entscheidungsträger über die Notwendigkeit der Energieunion einig. Eine skeptische Haltung zum Vorrang der EE stützen ausnahmsweise die Vertreter der Industrie (EURELECTRIC), sowie die Denkfabrik - das EPC. Fast alle Referenten betonen oder zumindest erwähnen das Problem mit dem EU-EHS und diskutieren mögliche Lösungen dafür (EK, EP, CANeurope).

Quellenverzeichnis

EU Kommission (2014): Die EU erklärt: Energie. Nachhaltige, sichere und erschwingliche Energie für die Bürger Europas.

EU Kommission (2015a): COMMUNICATION FROM THE COMMISSION TO THE EUROPEAN PARLIAMENT, THE COUNCIL, THE EUROPEAN ECONOMIC AND SOCIAL COMMITTEE, THE COMMITTEE OF THE REGIONS AND THE EUROPEAN INVESTMENT BANK. State of the Energy Union 2015.

EU Kommission (2015b): Factsheet zur Energieunion.

EUROELECTRIC (2015a): A Sector in Transformation: Electricity Industry Trends and Figures.

EUROELECTRIC (2015b): Everything You Always Wanted to Know About DEMAND RESPONSE.

Europäischer Wirtschafts- und Sozialausschuss (2015a): Das Paris-Protokoll – Ein Blueprint zur Bekämpfung des globalen Klimawandels nach 2020.

Europäischer Wirtschafts- und Sozialausschuss (2015b): Entwicklung des im Rahmen der Klima- und Energiepolitik bis 2030 vorgeschlagenen Governance-Systems.

Europäisches Parlament und Rat der Europäischen Union (2012): Energieeffizienzrichtlinie 2012/27/EU vom 25.Oktober 2012.

Hedberg, Annika (2015): EU´s Quest for Energy Security. What Role for the Energy Union?

Liese, Peter (2014a): Energieeffizienz - Gut für Klimaschutz und Unabhängigkeit von Putin.

Liese, Peter (2014b): Hintergrundpapier zu den 2030 Energie- und Klimazielen der Europäischen Union.

The European Wind Energy Association (2015): Aiming High. Reward Ambition in Wind Energy.

Vertrag über die Arbeitsweise der Europäischen Union, konsolidierte Fassung vom 26. Oktober 2012 (ABl. C 326, S. 47–390).

Internetquellen:

https://www.euractiv.de/section/all/news/donald-tusk-weckt-polnische-hoffnungen-auf-eu-energieunion/ (vom 10.09.2014, abgerufen am 27.09.2016).

https://ec.europa.eu/inea/en/connecting-europe-facility/cef-energy (abgerufen am 10.03.2017).

http://www.erneuerbare-energien.de/EE/Navigation/DE/Recht-
Politik/EU_Klima_Energierahmen/eu_klima_und_energierahmen.html (abgerufen am
19.04.2017).

https://ec.europa.eu/jrc/en/gem-e3 (abgerufen am 19.04.2017).

http://www.isi.fraunhofer.de/isi-wAssets/docs/x/de/publikationen/Fraunhofer-
ISI_ReferenceTargetSystemReport.pdf (abgerufen am 19.04.2017).

http://www.bruessel-eu.diplo.de/ (abgerufen am 27.09.2016).

http://www.energyplan.eu/othertools/national/primes/ (abgerufen am 19.04.2017).

http://www.erneuerbare-energien.de/EE/Navigation/DE/Technologien/Windenergie-auf-
See/Wirtschaftliche_Aspekte/Stromgestehungskosten/stromgestehungskosten.html (abgerufen am
27.09.2016).

https://www.ise.fraunhofer.de/de/veroeffentlichungen/veroeffentlichungen-pdf-
dateien/studien-und-konzeptpapiere/studie-stromgestehungskosten-erneuerbare-energien.pdf
(abgerufen am 19.04.2017).

BEI GRIN MACHT SICH IHR WISSEN BEZAHLT

- Wir veröffentlichen Ihre Hausarbeit,
  Bachelor- und Masterarbeit

- Ihr eigenes eBook und Buch -
  weltweit in allen wichtigen Shops

- Verdienen Sie an jedem Verkauf

Jetzt bei www.GRIN.com hochladen und kostenlos publizieren